Die Welt entdecken

Einsatz bei der Feuerwehr

Retten, löschen, bergen, schützen

Das Feuer

Hörst du, wie die Flammen flüstern,
Knicken, knacken, krachen, knistern,
Wie das Feuer rauscht und saust,
Brodelt, brutzelt, brennt und braust?

Siehst du, wie die Flammen lecken,
Züngeln und die Zunge blecken,
Wie das Feuer tanzt und zuckt,
Trockne Hölzer schlingt und schluckt?

Riechst du, wie die Flammen rauchen,
Brenzlig, brutzlig, brandig schmauchen,
Wie das Feuer, rot und schwarz,
Duftet, schmeckt nach Pech und Harz?

Fühlst du, wie die Flammen schwärmen,
Glut aushauchen, wohlig wärmen,
Wie das Feuer flackrig wild,
Dich in warme Wellen hüllt?

Hörst du, wie es leiser knackt?
Siehst du, wie es matter flackt?
Riechst du, wie der Rauch verzieht?
Fühlst du, wie die Wärme flieht?

Kleiner wird der Feuersbraus:
Ein letztes Knistern,
Ein feines Flüstern,
Ein schwaches Züngeln,
Ein dünnes Ringeln –
Aus.

James Krüss

Die Welt entdecken

Einsatz bei der Feuerwehr

Ravensburger Buchverlag

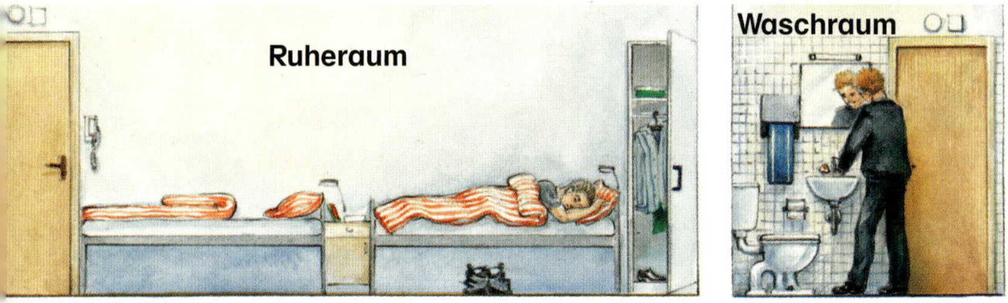

Garderobe

Nach einem Einsatz wird geduscht und die Kleidung gewaschen.

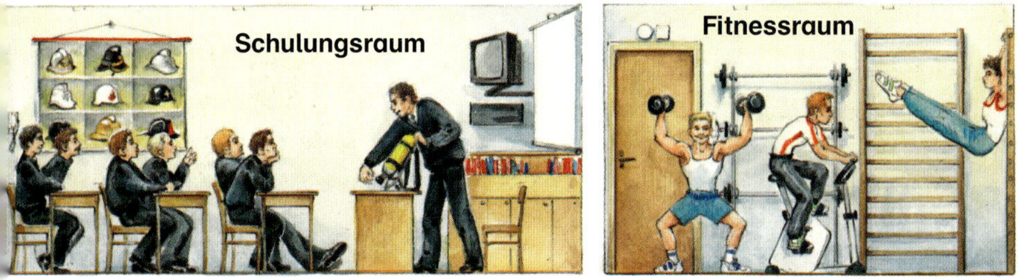

Auf der Feuerwache

Die Geräte werden geprüft.

In einer Feuerwache gibt es viele Räume. Die Feuerwehrleute schlafen hier, essen und trainieren. Außerdem lernen sie Neues über Brandbekämpfung.

Die Schläuche werden gereinigt, getrocknet und aufgewickelt.

Verschiedene Aufgaben

Während ihrer Schicht überprüfen und reparieren die Feuerwehrleute die Ausrüstung der Fahrzeuge. Sie reinigen die Schläuche und hängen sie zum Trocknen auf. Ein Feuerwehrmann muss immer bereit sein. Wenn ein Notruf in der Wache eintrifft, muss die Feuerwehr innerhalb weniger Minuten am Einsatzort sein.

Es wird notiert, was beim letzten Einsatz passiert ist.

Bei einem Einsatz trägt ein Feuerwehrmann feuerfeste Kleidung, einen Helm mit Visier, Schutzhandschuhe und Spezialschuhe, die nicht brennen können.

In der Fahrzeughalle

Jede Feuerwache besitzt eine Fahrzeughalle. Dort parken der Einsatzleitwagen, die Löschwagen, das Drehleiterfahrzeug, der Rüstwagen, der Kranwagen und der Wechsellader.
Jedes dieser Fahrzeuge hat eine andere Funktion. Der Löschwagen transportiert Schläuche, Werkzeuge und Ausrüstungsgegenstände. Mit dem Kranwagen lassen sich schwere Gegenstände aus dem Weg räumen wie zum Beispiel ein Baum oder ein Lastwagen.

Beim Tag der offenen Tür kommen viele Kinder in die Feuerwache. Sie dürfen verschiedene Ausrüstungsgegenstände anprobieren.

Die Brandfluchthaube schützt vor Rauch und gefährlichen Gasen.

Mit dem Hitzeschutzanzug kann man dicht ans Feuer herangehen.

Der Einsatzleitwagen ist immer als Erster an der Unfallstelle.

Das Drehleiterfahrzeug wird bei der Menschenrettung eingesetzt.

Ein Rüstwagen ist eine fahrende Werkstatt.

Mit Kranwagen kann man sogar verunglückte Lastwagen wieder aufrichten.

Die Ausrüstung eines Löschwagens

1 Standrohr für Unterflurhydranten
2 Elektrotauchpumpe
3 Schublade mit zwei Chemieschutzanzügen
4 Motortrennschleifer und Motorkettensäge
5 Hochleistungslüfter
6 Feuerwehraxt
7 Zwei Vorschlaghämmer
8 Drei Holzäxte
9 Verkehrsleitkegel
10 Tasche mit Rollgliss und Abseilgerät
11 Schlauchtragekorb
12 verpackter Leiterauftritt
13 Gummistiefel
14 Tasche mit Hitzeschutzanzügen
15 Bindestränge
16 verpackte Arbeitsleinen
17 Sprungretter
18 Verteiler
19 Strahlrohre
20 Rollschläuche
21 Steckdosen

Alarm!

Wird in der Leitstelle
ein Brand gemeldet,
löst der Dienst habende
Leitstellenbeamte Alarm aus.

In der Leitstelle

Auf einem großen Stadtplan zeigt ein rotes Lämpchen den Brandort. Der Computer löst in der zuständigen Feuerwache den Alarm aus. Er berechnet den kürzesten Weg zum Einsatzort und gibt an, welche Fahrzeuge für den Einsatz benötigt werden.

In einem Buch werden die Einsätze in Kurzform eingetragen. Einsatzart 220 bedeutet: Brandeinsatz mit Menschenrettung.

Die Feuerwehr rückt aus

Sobald der Alarm in der Feuerwache ertönt, springen alle Feuerwehrmänner auf und rennen zu ihren Fahrzeugen. Sie rutschen die Stangen hinunter und ziehen die Schutzkleidung und ihre Helme an. Mit eingeschalteter Sirene und hohem Tempo fahren die Fahrzeuge aus der Halle.

Zuerst fährt der Einsatzleitwagen (1) los, dann das Löschfahrzeug (2). Es folgen die Drehleiter, der Tanklöschzug und der Rüstwagen.

Im Löschfahrzeug sitzt eine Löschgruppe. Sie besteht aus Gruppenführer, Maschinist, Melder und je zwei Mann Angriffstrupp, Schlauchtrupp und Wassertrupp.

Der Stoß- und Angriffstrupp (1) greift als Erster das Feuer an. Der Wassertrupp (2) legt die Wasserversorgung. Der Schlauchtrupp (3) verlegt die Schläuche. Mit der Haspel (4) lässt sich der Schlauch schnell entrollen.

Ein Brandeinsatz

Ein Haus brennt. Der Einsatzleiter gibt seine Anweisungen über Funk: Er sagt den Feuerwehrmännern, wo sie die Strahlrohre einsetzen sollen. Er ruft Verstärkung herbei, wenn es notwendig ist. Manche Strahlrohre werden ferngesteuert. Sie werden an besonders gefährlichen Brandstellen eingesetzt, zum Beispiel wenn ein Gebäude einzustürzen droht. Für Verletzte steht ein Rettungswagen bereit.

Leitkegel zur Verkehrssicherung

Die Lichter der Verkehrssicherheitsleuchte blitzen im Wechsel auf. So werden die Verkehrsteilnehmer gewarnt.

Bei einer Überschwemmung werden Menschen in Booten aus den Häusern gerettet.

Einsatz bei Hochwasser

Die Feuerwehr ist nicht nur zum Löschen da. Sie wird auch bei Überschwemmungen alarmiert. Menschen müssen aus ihren überschwemmten Häusern befreit werden. Voll gelaufene Keller werden ausgepumpt. Abgeschnittene Ortschaften werden mit Nahrungsmitteln versorgt. Manchmal müssen die Bewohner eines Dorfes mit Booten in Sicherheit gebracht werden.

Ein Wasserrohrbruch

Die Feuerwehr kommt auch bei einem geplatzten Rohr im Keller zu Hilfe. Sie dreht den Hauptwasserhahn ab. Dann wird das Wasser im Keller mit Schläuchen abgepumpt.

Nachdem der Haupthahn abgedreht wurde, kann der Keller ausgepumpt werden.

Um die Ausbreitung eines Waldbrands zu verhindern, zieht die Feuerwehr Feuerschneisen durch den Wald. Dazu fällt man alle Bäume.

Waldbrand

In südlichen Ländern trocknen die Wälder im Sommer oft aus. Schon ein Funke oder die Glut einer Zigarette kann ausreichen, um sie in Brand zu setzen. Diese Brände können nicht nur vom Boden aus bekämpft werden.

Hilfe aus der Luft

Deshalb kommen Hubschrauber zu Hilfe. Bis zu 5000 Liter Wasser wirft ein Hubschrauber über einer Brandstelle ab. Sie besitzen Wassertanks, die sie während des Flugs füllen können. Dabei gleiten sie über einen See oder einen Fluss und saugen Wasser auf. Das dauert kaum zehn Sekunden. Bei großen Waldbränden werden Feuerschneisen durch den Wald gezogen. Sie nehmen dem Feuer die Nahrung.

Auf Schwelbrände wird Erde geschaufelt, um die Glut zu ersticken.

Waldbrände werden oft aus der Luft gelöscht. Zum Löschen werden Wasser oder chemische Löschmittel eingesetzt.

Die Flughafenfeuerwehr

Flughäfen besitzen die größten und schnellsten Einsatzfahrzeuge der Feuerwehr. Bereits 15 Sekunden nach dem Alarm sind die Löschwagen unterwegs. Innerhalb von 3 Minuten erreichen sie jeden Winkel eines Flughafens. Sie transportieren 11 000 Liter Wasser und 1000 Liter Schaummittel.
An jedem Fahrzeug sitzen 2 Löschkanonen. Man kann sie von der Fahrerkabine aus bedienen. So können die Fahrzeuge näher an das brennende Flugzeug heranfahren.

Ein Spritzschaumfahrzeug trägt einen Schaumteppich auf.

Eine Notlandung

Wenn das Flugzeug vor der Landung sein Fahrgestell nicht ausfahren kann, wird mit dem Spritzschaumfahrzeug ein 1000 Meter langer Schaumteppich auf die Landebahn aufgebracht. Dann entstehen weniger Funken, wenn das Flugzeug aufsetzt. Die Brandgefahr ist geringer. Ist ein Flugzeug notgelandet, kann man es mit aufblasbaren Hebekissen bergen. Zur Rettung der Passagiere werden Luftkissen oder Notrutschen eingesetzt.

Mit einem Hebekissen wird das Flugzeug geborgen.

Die Hafenfeuerwehr

In jedem Hafen gibt es eine Feuerwehr mit Löschbooten. Jedes Löschboot besitzt mehrere Wasserstrahlrohre. Sie können direkt auf einen Brand gerichtet werden. Das Löschwasser wird aus dem Gewässer gepumpt. Feine Spritzdüsen hüllen das Löschboot in einen Wassernebel. Dadurch ist es vor dem Feuer geschützt.

Das Feuer auf einem Öltanker wird gelöscht.

Schwierige Einsätze

Brände auf Ölfördertürmen und Öltankern sind nur schwer zu löschen. Öl ist ein Brennstoff, der sich schnell entzündet und explodiert. Deshalb wird ein Schaummittel unter das Löschwasser gemischt. Schaumkanonen spritzen den Schaum auf das Feuer und ersticken es. Das Öl wird abgepumpt, bevor es in das Wasser strömt.

Nicht zu viel Wasser

Bei einem Schiffsbrand muss man besonders darauf achten, dass nicht zu viel Löschwasser in das brennende Schiff gelangt. Sonst kann es untergehen. Das Löschwasser muss in diesem Fall sofort abgepumpt werden.

Einsatz unter Wasser

Zu den vielseitigen Aufgaben der Feuerwehr gehört auch der Einsatz unter Wasser. Feuerwehrtaucher bergen Menschen oder Gegenstände aus Gewässern. Sie sind Feuerwehrleute, die eine Zusatzausbildung als Taucher haben. Neben dem Tauchen haben sie gelernt, unter Wasser zu arbeiten. Sie müssen auch bei schlechter Sicht oder bei Dunkelheit sägen oder schrauben können.

Der Tauchtrupp

Ein Tauchtrupp besteht aus einem Taucher, einem Signalmann, einem Sicherheitstaucher und dem Taucheinsatzführer. Schnell sind sie mit dem Wasserrettungswagen an der Unglücksstelle. Die Taucher ziehen ihre Ausrüstung schon während der Fahrt an.
Der Taucheinsatzführer leitet die Rettungsaktion. Er muss vor dem Tauchgang das Gewässer erkunden und die Gefahrenstelle absichern.
Der Signalmann überwacht den Taucheinsatz. Er ist über die Signalleine mit dem Taucher verbunden. Durch Zugzeichen an der Leine kann

er den Taucher bei der Suche unter Wasser führen. Der Sicherheitstaucher steht bereit, falls der Taucher gerettet werden muss. Unter Wasser verständigen sich Taucher mit Handzeichen untereinander.

Besondere Ausrüstung

Der Taucher trägt einen Tauchanzug, der ihn vor der Kälte unter Wasser schützt. Auf dem Rücken trägt er die Sauerstoffflaschen. Sie versorgen ihn mit Atemluft. Zu seiner Ausrüstung gehören Handschuhe, eine Tauchermaske und Flossen.

Durch einen Unfall ist das Auto in einen See gestürzt. Ein Taucher stellt fest, wo sich das Auto befindet. Dann legt er ein starkes Seil um das Auto. Danach wird es mit einem Kran aus dem Wasser geborgen.

Bergung eines Lkws

Die Unfallstelle wird weiträumig abgesperrt. Der Lkw wird mit Hebekissen und einer Seilwinde gesichert. Dann beginnt man mit der Beseitigung der Ölspur. Zum Schluss wird das Fahrzeug mit dem Kran aufgerichtet.

Damit der Tank nicht explodiert, wird der Kraftstoff mit der Gefahrgutpumpe abgesaugt.

Der Zement im Betonmischer ist hart geworden. Deshalb muss die Trommel vom Fahrgestell abgetrennt werden. Sonst kann man den schweren Betonmischer nicht mit dem Kran anheben. Zwei Feuerwehrleute halten einen Spritzschlauch bereit, falls Schweißfunken einen Brand auslösen.

Schutz der Umwelt

Aus einem verunglückten Laster wird Giftmüll geborgen.

Die Feuerwehrleute haben eine Spezialausrüstung für Unfälle mit Öl oder giftigen Chemikalien. Damit können sie ausgelaufenes Öl aufnehmen und Giftstoffe entsorgen. Bei einem Unfall mit Giftstoffen wird das Gelände abgesperrt. Die Feuerwehrleute tragen Schutzanzüge, damit sie sich nicht verletzen und vergiften.

Öl wird mit schlauchförmigen Ölsperren eingekreist und mit Schaufeln abgetragen.

Verschmutztes Wasser

Befindet sich Öl auf einer Wasserfläche, wird es mit Ölsperren eingekreist. Dann trägt man es mit Schaufeln ab und entsorgt es in Fässern. Bei großen Verschmutzungen durch ausgelaufenes Öl wird der Ölsanimat eingesetzt. Dieses Gerät saugt ölverschmutztes Wasser ab.

Um Menschen aus einem Aufzug zu befreien, steigen die Feuerwehrmänner von oben in den Aufzugschacht ein.

Besondere Rettungseinsätze

Wen ruft man, wenn der Aufzug in einem Haus stecken geblieben ist? Die Feuerwehr! Sie hilft auch bei anderen Problemen.

Ungewöhnliche Vorkommnisse

Sie rückt zum Beispiel aus, wenn ein Baum die Straße blockiert. Manchmal retten die Feuerwehrmänner auch Tiere, die sich auf einen Baum verirrt haben. Besucher eines Freizeitparks, die in einem Vergnügungsfahrzeug festsitzen, werden ebenfalls von der Feuerwehr gerettet.

Ein Baum ist auf das Dach gestürzt. Der Stamm muss mit einem Kran vom Dach gehoben werden. Vorher sägen die Männer von einer Drehleiter aus die Äste ab.

Vorsichtig entfernt der Feuerwehrmann einen Bienenschwarm von einem Ast und setzt ihn in die Schwarmkiste.

Die ersten Feuerwehrmänner

Römische Sklaven waren wahrscheinlich die ersten Feuerwehrleute. Auf ihren Kontrollgängen löschten sie die Brände, die in der Stadt immer wieder ausbrachen. Im Mittelalter schlug ein Wächter bei Feuer Alarm. Dann bildeten die Einwohner eine Eimerkette von einem nahe gelegenen Gewässer oder Brunnen zum Brandort.

Früher bildeten die Menschen Eimerketten, um einen Brand zu löschen.

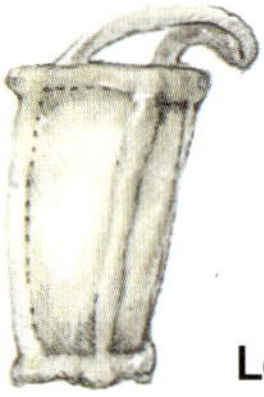

Löscheimer

Handpumpen wurden auf Kufen zu ihrem Einsatzort gezogen.

Zimmerleute helfen löschen

Früher waren die Häuser in den Städten meist aus Holz. Sie waren sehr eng aneinander gebaut. Darum halfen Zimmerleute mit, wenn ein Brand ausbrach: Sie rissen benachbarte Häuser ab, damit sich das Feuer nicht weiter ausbreiten konnte.

Erst seit dem 19. Jahrhundert setzt die Feuerwehr tragbare Leitern zur Menschenrettung ein.

Erste Feuerwehren

Feuerwehrhelm

In den Städten gab es Mannschaften, die Pumpspritzen bedienten. Viele Männer wurden benötigt, um die Feuerspritzen zur Brandstelle zu ziehen. Später wurden sie von Pferden gezogen. Seit der Jahrhundertwende wurden motorbetriebene Fahrzeuge verwendet. Freiwillige Feuerwehren gibt es seit etwa 1850. Etwa um die gleiche Zeit wurden die ersten Berufsfeuerwehrwachen gegründet.

In öffentlichen Gebäuden findet man Äxte, Feuerlöscher und Feuermelder.

Ratschläge der Feuerwehr

Wenn ein Brand ausbricht, sollte man sofort die Feuerwehr anrufen. Sage deinen Namen und den Ort, an dem es brennt.

Verlasse den Raum!
Entdeckst du bei dir zu Hause einen Brand, versuche Ruhe zu bewahren. Verlasse schnell den Raum und schließe alle Türen hinter dir. Lösche das Feuer nicht selbst, sondern rufe einen Erwachsenen oder gleich die Feuerwehr.

Auf dem Boden bleiben
Bist du in einem verqualmten Zimmer, dann versuche es auf allen vieren kriechend zu verlassen. Halte den Kopf so tief wie möglich. Am Boden kriegst du am besten Luft.

Mach dich bemerkbar

Öffne das Fenster weit. Rufe oder gib deutlich Zeichen, damit man dich bemerkt. Drücke feuchte Tücher unter die Tür; so werden Rauch und Flammen abgehalten.

Die Notrufnummern für die Feuerwehr:

BRD	**112**
Österreich	**122**
Schweiz	**118**

Leserätsel

Weißt du noch alles über die Feuerwehr? Wenn du die richtigen Antwortbuchstaben in die Kästchen auf Seite 31 eingesetzt hast, bekommst du ein Lösungswort.

1. Welches Fahrzeug ist als Erstes an einer Unglücksstelle?

F Drehleiterwagen
C Kranwagen
B Einsatzleitwagen

2. Wie kommen die Feuerwehrleute am schnellsten zum Einsatzfahrzeug?

E Sie rennen die Treppen hinunter.
R Sie rutschen die Stangen hinunter.
H Sie schlafen neben den Fahrzeugen.

3. Was ist ein Wassertrupp?

B Er verlegt die Schläuche.
A Er legt die Wasserversorgung.
U Er rettet Menschen.

4. Wie viel Liter Wasser transportiert die Flughafenfeuerwehr?

M 1000 Liter
E 5000 Liter
N 11 000 Liter

5. Wer fährt ein Spritzschaumfahrzeug?

D Die Flughafenfeuerwehr
X Die Hafenfeuerwehr
R Die Polizei

6. Was sind Schaumkanonen?

W Silvesterfeuerwerk

E Löschgeräte der Hafenfeuerwehr

Z Eismaschinen

7. Was leistet der Ölsanimat?

I Er nimmt Öl von Gewässern auf.

Y Er leitet Öl in Gewässer.

E Er leitet Wasser in Öl.

8. Wozu dient eine Feuerschneise?

H Zum Anzünden eines Feuers

N Um die Ausweitung eines Waldbrandes zu verhindern

O Um einen Waldbrand auszubreiten

9. Wie viel Liter Wasser nehmen Löschhubschrauber auf?

R 3000 Liter

K 4000 Liter

S 5000 Liter

10. Was tun, wenn es brennt?

A Ruhe bewahren und Hilfe holen

T Alle Türen schließen

Z Die Feuerwehr rufen

Lösungswort:

		A						S			

Schicke uns eine Karte mit dem richtigen Lösungswort oder eine E-Mail.
Wir verlosen jeden Monat 10 Buchpakete unter den Einsendern!
Die Adresse findest du auf Seite 32.

Register

Adresse
Ravensburger Buchverlag
Die Welt entdecken
Postfach 20 07
88190 Ravensburg

Per E-Mail:
leseraetsel@welt-entdecken.de

Besucht unsere Website:
www.welt-entdecken.de

Bibliografische Information
der Deutschen Bibliothek

Die Deutsche Bibliothek verzeichnet diese Publikation in der Deutschen Nationalbibliografie; detaillierte bibliografische Angaben sind im Internet über **http//dnb.ddb.de** abrufbar.

3 2 1 07 06 05

Wir danken für die freundliche Abdruckerlaubnis von © James Krüss, 2001, „Der wohltemperierte Leierkasten", erschienen im C. Bertelsmann Jugendbuch Verlag, ein Unternehmen der Verlagsgruppe Random House
Illustrationen: Milada Krautmann
Redaktion: Sabine Zürn
Printed in Germany
ISBN 3-473-35978-5

www.ravensburger.de